Inhalt

Bilanzierung von Umsatzerlösen - Vorgeschlagene Neuerungen des IASB

Kernthesen

Beitrag

Fallbeispiele

Weiterführende Literatur

Impressum

Bilanzierung von Umsatzerlösen - Vorgeschlagene Neuerungen des IASB

A.Kaindl

Kernthesen

- Das IASB hat einen Standardentwurf mit neuen Regelungen zur Ertragsvereinnahmung veröffentlicht.
- Das derzeit maßgebliche Risks-and-Rewards-Kriterium wird durch das Control-Kriterium abgelöst.
- Die wohl wichtigste Änderung ist die geplante faktische Abschaffung der Ertragsvereinnahmung nach der sogenannten Percentage-of-Completion-Methode bei

Fertigungsaufträgen.

Beitrag

Ziel und Anwendungsbereich des herausgegebenen Standardentwurfs

Das IASB hat am 4. Juni 2010 einen Standardentwurf zur Erfassung von Umsatzerlösen veröffentlicht (Exposure Draft ED/2010/6). Ziel des Entwurfs ist ein auf Prinzipien beruhendes Regelwerk. Dieses soll branchenübergreifend einen Rahmen zur Bilanzierung von Umsatzerlösen und der damit in Zusammenhang stehenden Kosten darstellen. Die neuen Vorschriften sollen zu einer einheitlichen Anwendung bei den Unternehmen und damit zu einer Verbesserung der Vergleichbarkeit zwischen den Unternehmen führen. (1), (2), (3)

Wann ist aus bilanzrechtlicher Sicht ein Umsatz vereinnahmt bzw. ein Gewinn realisiert? Der neue Standard versucht, diese schwierige Frage zu beantworten.

Der Anwendungsbereich des neuen Standards erstreckt sich auf die Vereinnahmung von

Umsatzerlösen aus Verträgen mit Kunden. Kunden werden als Dritte definiert, mit denen der Bilanzierende einen Vertrag über die Übereignung von Waren oder die Erbringung von Dienstleistungen im Rahmen der gewöhnlichen Geschäftstätigkeit abschließt. Obwohl die Schaffung eines branchenübergreifenden Ertragsvereinnahmungsmodells beabsichtigt war, sind Leasingverträge, Versicherungsverträge und vertragliche Ansprüche und Verpflichtungen in Bezug auf Finanzinstrumente nicht nach ED/2010/6 zu bilanzieren. Die Bilanzierung dieser Geschäftsvorfälle ist in anderen Standards geregelt. (1), (2)

Zukünftige Regeln zur Erfassung von Umsatzerlösen

Die Erfassung von Umsatzerlösen soll sich künftig nach dem Ansatz und der Bewertung vertraglicher Ansprüche und Verpflichtungen richten. Diese sind während der Vertragslaufzeit saldiert auszuweisen. Dadurch sollen Ermessensspielräume eingeschränkt und eine konsistentere Anwendung der Ertragsvereinnahmungsregeln erreicht werden. (1)

Die Nichtbilanzierung von schwebenden Verträgen wird beibehalten, weil Anspruch und Verpflichtung bei Vertragsabschluss der gleiche Wert beigemessen wird. Mit Erfüllung einer abgrenzbaren Leistungspflicht baut der Bilanzierende einen Teil seiner Verpflichtung ab. Dies führt in der Nettobetrachtung zum Ansatz eines vertraglichen Vermögenswerts sowie zur Erfassung der korrespondierenden Umsatzerlöse. Mit der Erlangung des unbedingten Anspruchs auf Gegenleistung bei vollständiger Vertragserfüllung ist anstelle des vertraglichen Vermögenswerts eine Forderung einzubuchen. Vom Kunden geleistete An- oder Vorauszahlungen führen in der Nettobetrachtung zum Abbau des vertraglichen Anspruchs und folglich zur erfolgsneutralen Passivierung der verbleibenden Verpflichtung. Erst der Abbau der Verpflichtung durch die Erbringung der geschuldeten Leistungen führt zur Erfassung von Umsatzerlösen. (1), (2)

Zusammenfassung und Aufspaltung von vertraglichen Vereinbarungen

Die Höhe und der Zeitpunkt der Umsatzerfassung können in Abhängigkeit davon variieren, ob ein Vertrag mit einem anderen Vertrag als wirtschaftliche Einheit zu betrachten oder umgekehrt gegebenenfalls in weitere Einzelkomponenten aufzuspalten ist. Hierbei geht es darum, die zutreffende Rechnungslegungseinheit zu bestimmen, die vom Berichtsunternehmen abzubilden ist. (2)

Zwei oder mehrere Verträge sind immer dann als wirtschaftliche Einheit für Zwecke der Bilanzierung anzusehen, soweit sich die jeweils vereinbarten Preise gegenseitig bedingen oder voneinander abhängen. (2)

Die Aufspaltung eines Vertrags in wirtschaftliche Teilverträge bzw. -pflichten ist in zwei aufeinander folgenden Schritten nach zum Teil unterschiedlichen Kriterien zu beurteilen. (1)

Zunächst sind diejenigen Vertragsbestandteile in Einzelverträge zu unterteilen, deren Preisbildung unabhängig voneinander vorgenommen wurde. In einem zweiten Schritt ist innerhalb der einzeln zu bilanzierenden Verträge die Prüfung vorzunehmen, ob die zu übereignenden Waren oder zu erbringenden Dienstleistungen einen eigenständigen Charakter haben und folglich die vertragliche Schuld in Teilpflichten zu unterteilen ist. Ein eigenständiger Charakter liegt vor, wenn der Bilanzierende die entsprechenden Waren getrennt veräußern beziehungsweise die Leistungen getrennt zum Verkauf anbieten kann.

Zeitpunkt der Erfassung von Umsatzerlösen

Umsatzerlöse sind nach dem Standardentwurf mit der Erfüllung der vertraglichen Pflichten zu erfassen. Eine Verpflichtung gilt als erfüllt, wenn der Kunde die Verfügungsmacht ("control") über die zu übereignende Ware oder zu erbringende Dienstleistung erlangt. Dieser Zustand ist ab dem Zeitpunkt erreicht, zu welchem der Kunde in der Lage ist, die Verwendung beziehungsweise die Anwendung des Vermögenswerts zu bestimmen und den daraus entstehenden ökonomischen Nutzen zu ziehen. (2)

Die beiden für Kaufverträge maßgeblichen Indikatoren für die Übertragung der Kontrolle an der Ware auf den Kunden sind der Übergang des zivilrechtlichen Eigentums sowie des physischen (unmittelbaren) Besitzes.

Der für Dienstverträge maßgebliche Indikator für den Kontrollübergang gemäß Standardentwurf ist die unbedingte Verpflichtung des Kunden zur Zahlung der Gegenleistung. Die Umsatzerlöse aus Dienstverträgen sind nach Maßgabe des Leistungsfortschritts zu erfassen. Die Methoden zur Umsatzverteilung über die Vertragslaufzeit entsprechen im Wesentlichen den derzeit zur Anwendung kommenden Regelungen des IAS 18.

Die Umsatzerfassung bei Werkverträgen ist an die Abnahme des vollendeten Werks oder vollendeter Teile des Werks gebunden. Begründet wird das Erfordernis der Abnahme damit, dass der Hersteller erst zu diesem Zeitpunkt den Anspruch auf Gegenleistung erwirbt. Eine Ertragsvereinnahmung mit fortschreitender Leistungserbringung (Percentage-of-Completion-Methode) - wie sie derzeit für eine Vielzahl von Werkverträgen nach geltendem IAS 11 geboten ist - scheidet nach ED/2010/6 folglich aus. (1)

Ermittlung des Veräußerungspreises und dessen eventuelle Aufteilung

Ebenso wie nach den bisher geltenden Regelungen setzt die Erfassung von Umsatzerlösen nach ED/2010/6 voraus, dass das berichtende Unternehmen die Gesamtvergütung identifizieren und eine realistische Schätzung hinsichtlich der Wahrscheinlichkeiten, die den jeweils möglichen Bestandteilen zuzuordnen sind, vornehmen kann. (2)

Die aus einem Vertrag insgesamt zu erfassenden Umsatzerlöse entsprechen dem Vertragspreis. Steht bei Vertragsabschluss die Höhe der Gegenleistung noch nicht fest, beispielsweise weil bei Eintritt bestimmter Bedingungen Preisnachlässe gewährt werden, Vertragsstrafen zu zahlen sind oder ein Zahlungsausfall droht, so ist der Vertragspreis auf der Grundlage des Erwartungswerts der

Gegenleistung zu schätzen. (1)

Soweit eine Aufteilung der Gesamtvergütung auf zwei oder mehrere Leistungsverpflichtungen vorzunehmen ist, erfolgt diese basierend auf dem Verhältnis des Einzelveräußerungspreises zur Gesamtsumme aller Einzelveräußerungspreise für Leistungsverpflichtungen, die Gegenstand der vertraglichen Vereinbarung sind. Die Anwendbarkeit der im Rahmen des geltenden IAS 18 ebenfalls zulässigen Residual-Methode schließt der Standardentwurf explizit aus. (1), (2)

Angaben im Anhang

Der Entwurf sieht neue und umfangreiche quantitative wie qualitative Angaben im Anhang vor. (3)

Wichtige erwartete Änderungen in der Bilanzierungspraxis

Hinsichtlich der Bilanzierung von Mehrkomponentengeschäften verlangen die gegenwärtig gültigen Regelungen lediglich rudimentär die separate Erfassung der einzelnen Leistungskomponenten. Es muss davon ausgegangen werden, dass die Unternehmen zukünftig in erweitertem Umfang eine Aufteilung auf einzelne Leistungskomponenten bei Vorliegen von Mehrkomponentengeschäften vorzunehmen haben und diese getrennt für Zwecke der Rechnungslegung abbilden müssen.

Der Entwurf führt einige neue Bestimmungen zur bilanziellen Abbildung von Kosten ein. Die bislang uneinheitliche Bilanzierungspraxis hinsichtlich der Erfassung von mit Umsatzerlösen korrespondierenden Kosten wird auf diese Weise hinreichend vereinheitlicht. Um den neuen Anforderungen gerecht werden zu können, dürften organisatorische Veränderungen wie zum Beispiel die Einführung entsprechender Kostenerfassungs- oder Kostenverteilungssysteme erforderlich sein. (3)

Wesentliche Schwachstellen am neuen Ertragsvereinnahmungsmodell

Die Vorgaben zum Anwendungsbereich regeln die Vorgehensweise soweit Konstellationen gegeben sind, bei denen ein Teil der vertraglichen Vereinbarung unter die Bestimmungen des Entwurfs fallen, ein anderer Teil jedoch von Regelungen anderer IFRS abgedeckt ist. Es bleibt unklar, wie in solchen Fällen die Aufteilung der Gesamtvergütung vorzunehmen ist, da dies von keinem anderen Standard geregelt ist.

Die Vorgaben zur Abgrenzung beziehungsweise Zusammenfassung diverser Leistungskomponenten sind zu oberflächlich und wenig konkret und werden in ihrer Anwendung unternehmens- wie branchenübergreifend zu entsprechenden Inkonsistenzen führen.

Die Methodik der Bestimmung des Einzelveräußerungspreises als Voraussetzung der Aufteilung auf einzelne Leistungskomponenten wurde durch das IASB nicht weiter konkretisiert oder erläutert. In der Praxis werden sich die Unternehmen auf individueller Basis Methoden bedienen, die subjektive Elemente enthalten und damit dem Ziel der Vergleichbarkeit von Abschlüssen zuwider laufen. (3)

Die Begründung für die Verankerung der Kontrollübertragung als übergeordnetes Prinzip der Umsatzerfassung lautet wie folgt: Das Prinzip erlaubt eine einheitlichere Anwendung als das derzeit zur Anwendung kommende Kriterium des Übergangs der maßgeblichen Risiken und Chancen, weil die Notwendigkeit der Wesentlichkeitsbeurteilung entfällt. Die Begründung kann nicht überzeugen. Die in ED/2010/6 bereitgestellte Liste mit Indikatoren für den Kontrollübergang verdeutlicht, dass sich auch die Kontrolle über Vermögenswerte aus einem Bündel an Rechten und Tatbeständen zusammensetzt, so dass auch bei Anwendung dieses Kriteriums subjektive Ermessensspielräume des Bilanzierenden eine Rolle spielen. (1)

Trends

Das IASB plant die endgültige Verabschiedung des vorliegenden Entwurfs als Standard für das zweite Quartal 2011. (2)

Der genaue Zeitpunkt der Anwendung des Standards steht noch nicht fest. Allerdings können die zu erwartenden Neuerungen auf einige Unternehmen wesentliche Auswirkungen haben. Diese Unternehmen sollten eine Beurteilung und Bewertung dahingehend vornehmen, inwieweit die gegenwärtige Praxis von Vertragsgestaltungen, Strukturen, Prozessen, Systemen und Kontrollen hiervon betroffen ist. Da die Vorgaben retrospektiv angewendet werden müssen, ist eine frühzeitige Auseinandersetzung mit den zu erwartenden Neuerungen sehr zu empfehlen. (2), (3)

Fallbeispiele

Beim Verkauf unter Eigentumsvorbehalt hat die

Zurückbehaltung des zivilrechtlichen Eigentums lediglich die Funktion der Sicherung der Kaufpreiszahlung; die mit der Ware verbundenen maßgeblichen Kontrollrechte gehen nach Auslegung des Standardentwurfs bereits mit der Warenübergabe auf den Kunden über. (1)

Im Falle eines Rückgaberechts geht die Kontrolle nach ED/2010/6 mit der Warenübergabe auf den Kunden über; die Ware ist folglich beim Bilanzierenden aufwandswirksam auszubuchen. In Einklang mit dem geltenden IAS 18 ist jedoch die Erfassung der entsprechenden Umsatzerlöse nur dann geboten, wenn die Rückgabewahrscheinlichkeit verlässlich eingeschätzt werden kann. Derzeit sind die vollen Umsatzerlöse zu erfassen und in Höhe des erwartungsgemäß zurückzuerstattenden Betrags ist eine erlösmindernde Rückstellung zu passivieren. Nach ED/2010/6 soll der erwartete Rückerstattungsbetrag direkt die zu erfassenden Umsatzerlöse mindern und die quasi-sichere Verpflichtung zur Kaufpreisrückerstattung in Form einer Verbindlichkeit berücksichtigt werden. Zusätzlich ist nach ED/2010/6 die Aktivierung einer Forderung auf Rückgabe der Waren in Höhe des Werts der ausgebuchten Vorräte abzüglich etwaiger Rücknahmekosten vorgesehen. (1)

Weiterführende Literatur

(1) Umsatzerlöse aus Kundenverträgen nach IFRS - Neuausrichtung an der Erfüllung von Verpflichtungen in ED/2010/6
aus Betriebs Berater Heft 34/2010 Seite 2035

(2) Die Bilanzierung von Umsatzerlösen de lege ferenda. Aktuelle Entwicklungen vor dem Hintergrund des IASB Exposure Draft Revenue Recognition (Teil 1)
aus Betriebs Berater Heft 34/2010 Seite 2035

(3) Die Bilanzierung von Umsatzerlösen de lege ferenda. Aktuelle Entwicklungen vor dem Hintergrund des IASB Exposure Draft Revenue Recognition (Teil 2),
aus Betriebs Berater Heft 34/2010 Seite 2035

Impressum

Bilanzierung von Umsatzerlösen - Vorgeschlagene Neuerungen des IASB

Bibliografische Information der deutschen Nationalbibliothek

Die Deutsche Nationalbibliothek verzeichnet diese Publikation in der deutschen Nationalbibliografie; detaillierte bibliografische Daten sind im Internet über http://dnb.d-nb.de abrufbar.

ISBN: 978-3-7379-1394-2

© 2015 GBI-Genios Deutsche Wirtschaftsdatenbank GmbH, Freischützstraße 96, 81927 München, www.genios.de

Alle Rechte vorbehalten. Dieses Werk ist einschließlich aller seiner Teile – z.B. Texte, Tabellen und Grafiken - urheberrechtlich geschützt. Jede Verwertung außerhalb der Grenzen des Urheberrechtsgesetzes bedarf der vorherigen Zustimmung des Verlags. Dies gilt insbesondere auch für auszugsweise Nachdrucke, fotomechanische

Vervielfältigungen (Fotokopie/Mikroskopie), Übersetzungen, Auswertungen durch Datenbanken oder ähnliche Einrichtungen und die Einspeicherung und Verarbeitung in elektronischen Systemen.